BEI GRIN MACHT SICH IHR WISSEN BEZAHLT

AF153490

- Wir veröffentlichen Ihre Hausarbeit,
  Bachelor- und Masterarbeit

- Ihr eigenes eBook und Buch -
  weltweit in allen wichtigen Shops

- Verdienen Sie an jedem Verkauf

Jetzt bei www.GRIN.com hochladen und kostenlos publizieren

G R I N ☺

Eignung und Anwendung agiler Methoden nach Scrum im Rahmen des Managements großer Projekte

Bibliografische Information der Deutschen Nationalbibliothek:

Die Deutsche Nationalbibliothek verzeichnet diese Publikation in der Deutschen Nationalbibliografie; detaillierte bibliografische Daten sind im Internet über http://dnb.d-nb.de abrufbar.

ISBN: 9783346316158
Dieses Buch ist auch als E-Book erhältlich.

Druck und Bindung: Books on Demand GmbH, Norderstedt Germany
Gedruckt auf säurefreiem Papier aus verantwortungsvollen Quellen

Das vorliegende Werk wurde sorgfältig erarbeitet. Dennoch übernehmen Autoren und Verlag für die Richtigkeit von Angaben, Hinweisen, Links und Ratschlägen sowie eventuelle Druckfehler keine Haftung.

Das Buch bei GRIN: https://www.grin.com/document/963120

FOM Hochschule für Oekonomie & Management

Hochschulzentrum Essen

Berufsbegleitender Studiengang zum

Master of Science, IT-Management

Projektarbeit

über das Thema

Eignung und Anwendung agiler Methoden nach Scrum im Rahmen des Managements großer Projekte

Inhaltsverzeichnis

Abbildungsverzeichnis

Tabellenverzeichnis

Abkürzungsverzeichnis

DevOps   Development & Operations

FinTech   Financial Services & Technology

OOPSLA   Object-Oriented Programming, Systems, Languages and Applications

PI   Product-Increment

SAFe   Scaled Agile Framework

STE   Solution Train Engineer

1. Einleitung

1.1 Problemstellung

Im Jahre 1995 veröffentlichte Ken Schwaber in Zusammenarbeit mit Jeff Sutherland einen ersten Beitrag zu Scrum im Rahmen der wissenschaftlichen Konferenz OOPSLA in Austin, USA. Bis zu dieser Zeit und noch bis etwa zehn Jahre nach der Veröffentlichung des Scrum Beitrages dominierten Wasserfallmodelle die Prozesse der Softwareentwicklung. Durch die agile Herangehensweise und damit einhergehender verbesserter Effektivität entwickelte sich Scrum seither innerhalb der Technologiebranche graduell weitgehend zur Standardmethode zur konzeptionellen Neuentwicklung von Software. Jedoch auch außerhalb der Softwareentwicklung, nämlich im Projektmanagement erfreuen sich agile Methoden auf Grund ihrer Reaktionsfähigkeit bei Problemen, der Entfesselung von starren Projektablaufplänen sowie der flexiblen Adaption an sich verändernde Anforderungen erhöhter Aufmerksamkeit.[1] Die Methodik scheint gerade in kleinen Unternehmen, ebenso in kreativen Bereichen in besonderem Maße geeignet zu sein. Doch lassen sich agile Methoden nach Scrum auch auf große Unternehmen skalieren, die scheinbar nicht auf langfristige und detaillierte Planung verzichten können? Welche Methoden bietet Scrum um auch im großen Maßstab und in vermeintlich starren und etablierten Branchen wie dem Finanzsektor Effektivität zu verbessern und Projekte agil zu managen?

1.2 Gang der Untersuchung

Die vorliegende Seminararbeit ist wie folgt aufgebaut: Der Hauptteil der Arbeit ist in zwei Bereiche aufgegliedert. Der erste Teil (Kapitel zwei) beschäftigt sich zunächst mit einer kurzen historischen Betrachtung agiler Methoden nach Scrum, bevor Prinzipien und Ziele eben dieser beleuchtet werden. Im weiteren Verlauf werden die Abläufe sowie Methoden erläutert, die Scrum anbietet um Prozesse agil zu gestalten und zu skalieren. Im zweiten Teil der Arbeit (Kapitel 3) soll aufgezeigt werden, wie Scrum durch das SAFe auf große Projekte skaliert werden kann. Unter Fokussierung auf die Finanzbranche soll aufgezeigt werden in wie fern sich agile Methoden nach Scrum in Großprojekten ebendieser eignen, in dem zunächst auf die Besonderheiten großer Projekte in der Finanzbranche eingegan-

---

[1] Vgl. Sutherland, J., Scrum Revolution, 2015, S. 7f.

gen wird, um darauffolgend die Anwendungsmöglichkeiten zu betrachten und deren Eignung zu untersuchen. Im letzten Teil der Arbeit wird abschließend ein Fazit gezogen, sowie ein kurzer Ausblick auf die zukünftige Entwicklung gegeben.

1.3 Zielsetzung

Ziel dieser Seminararbeit soll es sein, herauszufinden, ob und in wie fern die Verwendung agiler Methoden nach Scrum auch außerhalb der Softwareentwicklung im Rahmen des Projektmanagements großer Projekte am Beispiel der Finanzbranche Eignung aufweist und welche Chancen und Risiken sich hieraus insbesondere im Finanzsektor ergeben.

2. Grundlagen agiler Methoden nach Scrum

2.1. Historische Betrachtung

Zu Beginn der Softwareentwicklung lagen nur wenige wissenschaftliche Phasenmodelle vor. In den 1950 Jahren wurde nicht zwischen der Entwicklung von Soft- und Hardware unterschieden. Drähte auf einer Platine zu verlöten oder Befehle für Software auf Lochkarten zu schreiben unterlag keinem wesentlichen methodischen Unterschied. Als die Komplexität der Software sich erhöhte, bediente man sich an den Vorgehensweisen anderer Branchen, wie dem produzierenden Gewerbe und adaptierte diese auf die Anforderungen der Softwareentwicklung. Insbesondere das 1970 von Royce entwickelte Wasserfallmodell erlangte einen großen Einfluss. Weitere Modelle wie das 1979 von Boehm entwickelte V-Modell, sowie das Spiralmodell nach Boehm von 1988 entstanden als Weiterentwicklungen des Wasserfallmodells und berücksichtigten bereits teilweise mit dem Prozess einhergehende Entwicklungsrisiken.[2] Durch trennscharfe Entwicklungsschritte, die definiert und modelliert zur Verfügung standen, entwickelten diese Modelle den Eindruck den Entwicklungsprozess unter Kontrolle zu haben.[3] Der Fokus klassischen Projektmanagements liegt auf der Effizienz, das Projekt wird so geplant, wie es ideal in der Entwicklung umzusetzen ist. Änderungen während des Projektablaufes sind nicht vorgesehen. Agile Methoden wie Scrum setzen den Fokus auf Effektivität. Der Kundennutzen rückt in den Vordergrund und es bietet eine gute Adaptierbarkeit bei Änderungen.[4] Scrum trägt der Unvorhersagbarkeit des Entwicklungsprozesses Rechnung. Das Endprodukt ist unter Berücksichtigung der Kosten, der Zeit und der Funktionalität das bestmögliche.[5]

Scrum als Begriff des Projektmanagements wurde im Jahre 1986 durch Hirotaka Takeuchi und Ikujiro Nonaka erstmalig im Rahmen der Harvard Business Review vorgestellt. Der Begriff selbst liegt dem Rugby Sport zu Grunde, wo er für eine Standardsituation durch das Gedränge und die Anhäufung von Spielern steht. Der Begriff impliziert es bereits: In ihren Ausführungen machen Takeuchi und Nonaka deutlich, dass sie eine andere Ansicht von Rollen und dem Projektablauf haben. Eine höhere Erfolgsquote in Projekten soll dadurch realisiert werden, dass lernende Teams ohne Organisation von außen oder

---

[2] Vgl. Grechenig, T. et al., Softwaretechnik, 2010, S. 372f.
[3] Vgl. Sutherland, J., Scrum Revolution, 2015, S. 7.
[4] Vgl. Böhm, J., Agilität, 2019, S. 10ff.
[5] Vgl. Gloger, B., Scrum, 2011, S. 19.

strenger Führung gebildet werden, die sich in diversen Projektphasen iterativ dem Ziel annähern sollen.[6]

In der folgenden Dekade entwickelt John Sutherland zusammen mit Ken Schwaber das Scrum Konzept weiter, das insbesondere die Rollendefinition und -organisation beinhalten und oftmals konträre Ansichten zu bestehenden Vorgehensweisen aufzeigt.[7] Im Agile Manifesto, das 2001 erscheint wird von Sutherland, Schwaber, Beedle und vierzehn weiteren Kollegen ein gemeinsames Verständnis von Scrum und agiler Methodik geschaffen. Auch andere Methoden wie Lean, und Extreme Programming bedienen sich fortan dieses Manifests der agilen Methoden.[8] In den darauffolgenden Jahren entwickelt sich Scrum vom Werkzeug für die Softwareentwicklung zum Rahmenmodell des Projektmanagements weiter. Insbesondere Ken Schwaber und Mike Cohn widmen sich in ihrer Literatur zunehmend den Möglichkeiten von Scrum als Methode des Projektmanagements und erwecken das Interesse der Praxis. Zum heutigen Tage hat sich insbesondere Scrum zur weltweit angewandten Praxis etabliert: IT-Dienstleister wie IBM führen agile Projekte im großen Rahmen basierend auf Scrum durch.[9] Die Scrum Alliance, eine 2001 gegründete Non-profit Organisation hat zum heutigen Tage weltweit 750.000 Mitglieder zertifiziert.[10]

2.2. Prinzipien und Ziele

Der Begriff Agilität impliziert Geschwindigkeit. Agile Methoden haben sich jedoch nicht dazu verschrieben lediglich schneller zu liefern. Ziel agiler Methoden soll es zwar auch sein, Deadlines einzuhalten, die Dynamik und Schnelligkeit bezieht sich allerdings in erster Linie auf die schnelle Anpassungsfähigkeit. Partielle Ergebnisse werden in kürzeren Abständen geliefert, validiert und es wird auf Veränderungen reagiert. Anpassungen des Auftraggebers sind im laufenden Prozess jederzeit möglich und fließen in die Entwicklung mit ein.[11] Um dies zu gewährleisten basiert das agile Manifest auf folgenden Grundprinzipien:

[6] Vgl. Tekeuchi, H., Nonaka, I., Product development, 1986, S. 137.
[7] Vgl. Gloger, B., Scrum, 2011, S. 20f.
[8] Vgl. Hazzan, O., Dubinsky, Y, Agile Anywhere, 2014, S. 9.
[9] Vgl. Deutsche Gesellschaft für Projektmanagement, Status Quo Agile, 2015, S. 6f.
[10] Vgl. Scrum Alliance, Who is Scrum Alliance, 2019, o. S.
[11] Vgl. Canty, D., Agile for PM, 2015, S. 1.

Tabelle 1: Grundprinzipien des agilen Manifests

Individuen und Interaktionen	mehr als Prozesse und Werkzeuge
Funktionierende Software	mehr als umfassende Dokumentation
Zusammenarbeit mit dem Kunden	mehr als Vertragsverhandlung
Reagieren auf Veränderung	mehr als das Befolgen eines Plans

Quelle: Beck, K. et al., Agile Manifesto, 2001, o.S.

Die Prinzipien auf der linken Seite der Tabelle werden bei der Verwendung agiler Methoden wie Scrum hoch priorisiert, ohne jedoch die Prinzipien der rechten Seite vollständig außer Acht zu lassen. Der Fokus wird deshalb auf die Prinzipien der linken Seite gelegt, da sie sich als kritische Treiber für den Projekterfolg herausgestellt haben. Interaktionen mit dem Kunden, der Fokus auf Individuen und Kollaboration im Team stellen wesentliche Grundpfeiler einer erfolgreichen Projektausführung mit agilen Methoden dar. Anstatt einem starren Plan zu folgen, soll es Ziel sein, dass Scrum Teams selbstorganisiert und zielorientiert arbeiten sowie in der Lage sind schnell und effektiv auf sich verändernde Anforderungen einzugehen und diese in das Produkt einfließen zu lassen.[12]

---

[12] Vgl. Maigatter, A., Führung und Scrum Teams, 2018, S. 304.

2.3. Scrum-Flow

Der Ablauf in Scrum (Scrum-Flow) ist bewusst einfach gehalten und kann gut vermittelt werden. Zur Veranschaulichung des Prozesses folgt eine Abbildung, die den Prozess visualisiert.

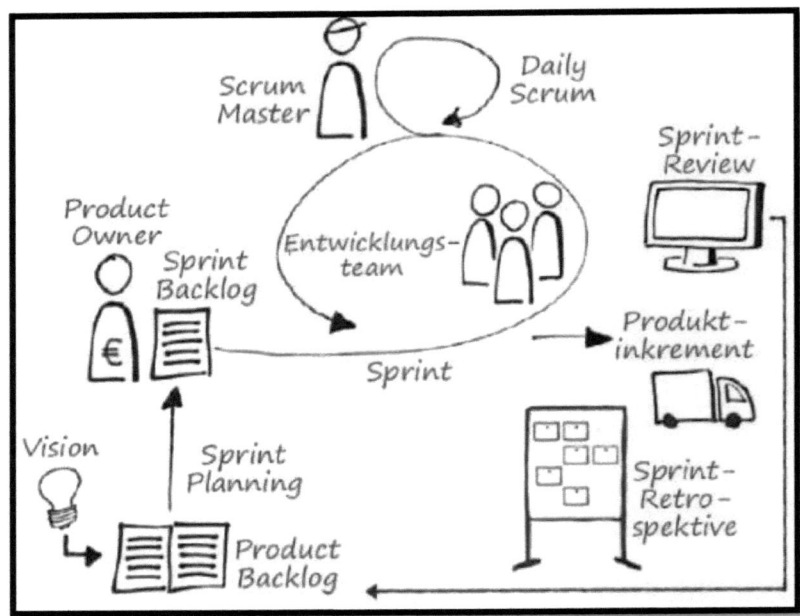

Abb. 1: Der Ablauf in Scrum
Quelle: Roock, S., Wolf, H., Scrum, 2018, S. 14.

Der Prozess der iterativen Annäherung an ein Ziel in Scrum wird als Sprint bezeichnet. Der Sprint ist ein ein- bis vierwöchiger Prozess in dem das fünf- bis zehnköpfige Projektteam nach festgelegten Zielen ein Produktinkrement erschafft, dass dem Kunden ausgeliefert werden kann. Im Bereich der Softwareentwicklung könnte dies beispielsweise die neue Funktionalität einer Software sein.[13]

Der Scrum-Flow beginnt mit einer Vision der Eigenschaften des Produktes, sowie den jeweiligen Spezifikationen. Der Product Owner, der für den wirtschaftlichen Erfolg des

---

[13] Vgl. Schwaber, K., Sutherland, J., Scrum Guide, 2017, S. 6.

Produktes verantwortlich ist, organisiert und priorisiert diese im Product Backlog. Die Spezifikationen werden somit zu Backlog Items. Bevor der eigentliche Sprint beginnt, kommen Product Owner, Scrum Master und das Entwicklungsteam zum Sprint Planning zusammen und einigen sich darauf, welche Backlog Items für den kommenden Sprint aus dem Product Backlog in das Sprint Backlog übernommen werden. Unmittelbar darauf beginnt der ein- bis vierwöchige Sprint. Das Entwicklungsteam organisiert sich dabei selbst, der Scrum Master nimmt unterstützende Funktionen ein und unterstützt bspw. bei der Organisation. Während des Sprints werden täglich Daily Scrum Meetings mit dem Scrum Master abgehalten, die zur Abstimmung des Teams dienen.[14] Das Ergebnis des Sprints ist ein auslieferbares Produktinkrement. Im Anschluss an einen Sprint erfolgt das Sprint Review, in dem der Product Owner, die Stakeholder, also bspw. den Auftraggeber über den Entwicklungsfortschritt informiert. Das Feedback aus dem Sprint Review fließt dann wieder in das Product Backlog. Somit lassen sich Änderungen unmittelbar adaptieren.[15]

2.4. Skalierung von Scrum mittels Scaled Agile Framework

Die im vorangegangenen Kapitel beschriebenen Prinzipien und Methoden erscheinen nachvollziehbar und eingängig, betrachtet man eine Neukonzeption eines kleinen Teams oder Neuausrichtung kleinerer Unternehmen. Scrum minimiert die Time-To-Market (Produkteinführungszeit) und eignet sich besonders hinsichtlich wechselnder Priorisierung von Aufgaben.[16] In bestehenden Unternehmen findet sich jedoch selten eine solche Situation vor. Die Struktur und Organisation eines Unternehmens ist über Jahre gewachsen und zunächst vorgegeben. Die Abteilungen und Teams übersteigen in der Größenordnung ein Scrum Team und Projekte sind oftmals größer, als dass sie sich mit einem zehnköpfigen Scrum Team bewältigen ließen. Ungeachtet dessen genießt Scrum wesentliche Bedeutung in der Mehrheit der Unternehmen im IT-nahen Umfeld.[17]

Neben anderen Methoden zur Skalierung von Scrum wie Large-Scale-Scrum, hat sich das Scaled Agile Framework (SAFe) seit 2017 als weltweit führende Methode etabliert. Es

---

[14] Vgl. Wirdemann, R., Mainusch, J., Scrum mit User Stories, 2019, S. 30.
[15] Vgl. Roock, S., Wolf, H., Scrum, 2018, S. 13ff.
[16] Vgl. Rigby, D. et al., Agile innovation, 2015, S. 2.
[17] Vgl. Deutsche Gesellschaft für Projektmanagement, Status Quo Agile, 2015, S. 8f.

handelt sich um ein skalierbares, nach den Anforderungen des Unternehmens konfigu-
rierbares und im Internet frei zugängliches Rahmenwerk, das sich je nach Anforderungsprofil in verschiedene, aufeinander aufbauende Ebenen gliedert.[18]

Als Fundament der agilen Methoden bedient sich SAFe des Lean-Agile Mindsets. Ein
gemeinsames Verständnis dieser agilen Werte im Unternehmen ist essentiell. Sie begrün-
den sich im Wesentlichen auf dem Agile Manifesto. Es zielt auf die Fokussierung auf für
die Wertschöpfung wesentliche Prozesse ab: Respekt für Mensch und Kultur, Abläufe,
Innovation und dauerhafte Verbesserung, sowie eine enge Zusammenarbeit zwischen
Entwicklung und Betrieb (DevOps).[19]

Die Ebenen des SAFe erstrecken sich über Essential SAFe, Large Solution SAFe, Portfolio SAFe und bei Bedarf bis hin zum Full SAFe. Die Größenordnung beginnt bei Essential mit den Kategorien Team (wie bei Scrum bis zu zehn Mitarbeiter) und Program
mit bis zu 100 Mitarbeitern. Bei großen Projekten wird Large Solution SAFe mit bis zu
1000 Mitarbeitern genutzt und kann bei Bedarf bis hin zu 10.000 Mitarbeitern in Portfolio
und Full skaliert werden. SAFe basiert auf agilen Werten und Prinzipien und enthält An-
leitungen, die für die Erzielung verbesserter Geschäftsergebnisse notwendig sind. Insbesondere sind dies Verantwortlichkeiten, Rollen, Aktivitäten und Artefakte. Zentraler In-
halt des SAFe ist es die Scrum-Aktivitäten (Plan, Execute, Review, Retrospective) auf
Programmebene zu skalieren, so dass sie auch auf größere Projekte Anwendung finden.[20]
Abbildung zwei veranschaulicht ein SAFe Rahmenwerk im Large Scale Maßstab. Auf
Grund der Umfangsbegrenzung dieser Arbeit kann nicht im Detail auf alle Komponenten
eingegangen werden. Vielmehr soll die Darstellung die wiederkehrenden und aufeinander
aufbauenden Elemente in SAFe darstellen.

---

[18] Vgl. Version One, State of Agile, 2018, S. 2.
[19] Vgl. Charron, R. et al., Lean Management, 2015, S.100, Künzel, H., Smart Lean, 2016, S. 7f., Walls,
   M., DevOps Culture, 2013, S. 5.
[20] Vgl. Siedl, W., SAFe, 2018, S. 77.

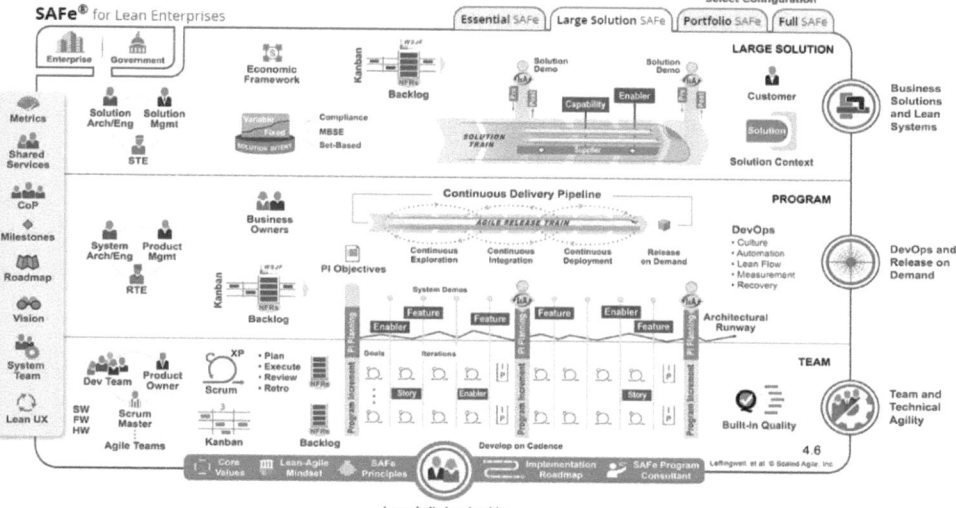

Abb. 2: Large Solution SAFe Framework

Quelle: Scaled Agile Inc, Scaled Agile Framework 4.6, 2018, o.S.

Nach der zweitägigen Product-Increment (PI) Planung und Festlegung der PI Objectives für die kommenden acht bis zwölf Wochen, arbeiten die Teams wie bei Scrum in Sprints, denen Systemreviews und Retrospektiven folgen. Ist der (Agile Release-) Train (SAFe nutzt Train als Methapher) mit allen Beteiligten in die Execution Phase abgefahren, fährt er erst zur nächsten PI Planung wieder ein. Dazwischen ist er nicht von außen zugänglich. Die Teams arbeiten also während der Sprints eigenverantwortlich und ohne externe Einflussnahme.[21]

In der dargestellten Large Solution Variante lassen sich kooperativ mehrere ausgedehnte Lösungen umsetzen, die nicht nach einem Portfolio ausgerichtet werden müssen. Hier führt das SAFe neue Rollen ein. Das Solution Management ist für die inhaltliche Verantwortung für die jeweiligen Inkremente ausschlaggebend. Der Solution Train Engineer (STE) ist der Hauptverantwortliche für die Einhaltung der Prozesse, während der Solution Architect für die Architektur sowie für die Schaffung der technischen Voraussetzungen für die Zielerreichung Verantwortung trägt. Finanzielle und Budgetäre Rahmenbedingungen werden berücksichtigt und fließen in das Economic Framework ein. Die mit dem Auftraggeber abgestimmten Anforderungen werden im Solution Backlog gegliedert und

---

[21] Vgl. Siedl, W., SAFe, 2018, S. 77f.

dem Solution Train als Capabilities für die Ausarbeitung innerhalb der Sprints überge-
ben.[22]

Ein Unternehmen kann mittels SAFe agile Methoden je nach Anforderungsprofil aus vier
Ebenen wählen und als Rahmenwerk auf seine Bedürfnisse anpassen.[23] Die SAFe Schichten bauen aufeinander auf und weisen zahlreiche Gemeinsamkeiten auf, insbesondere
hinsichtlich der Rollen und Artefakte. Ist der Detailierungsgrad auf den unteren Schichten
hoch und die Inhalte konkret, so wird entlang der Ebenen die Abstraktion größer und
Inhalte generischer. SAFe muss individuell auf die Anforderungen und Gegebenheiten
des jeweiligen Unternehmens angepasst werden.[24]

---

[22] Vgl. Scaled Agile Inc, Scaled Agile Framework 4.6, 2018, o.S.
[23] Zur besseren Veranschaulichung befindet sich im Anhang Abb. 4 eine Darstellung des Portfolio SAFe
Konfiguration, die sich für die Durchführung von Großprojekten eignet.
[24] Vgl. Scaled Agile Inc, Scaled Agile Framework 4.6, 2018, o.S.

3. Eignung agiler Methoden in Großprojekten

3.1. Herausforderungen und Merkmale großer Projekte der Finanzbranche

Ein Projekt ist in sich grundsätzlich eine einmalige Aktivität. Es weist einen Kontextbezug auf, wird also unter bestimmten Rahmenbedingungen realisiert, die durch Ressourcen und Stakeholder eingegrenzt werden und ein, im Gegensatz zu Routineaufgaben, definiertes Start- und Enddatum besitzen. Selbst bei sich wiederholenden Projekten weisen die sich ändernden situativen Rahmenbedingungen stets eine gewissen Einmaligkeit auf.[25] Die Definition eines Großprojektes differiert je nach zu Grunde liegender Definitionsnorm und betrachteter Größe. Großprojekt kann demnach ein Vorhaben sein, dass einen Aufwand gleich oder größer einer unternehmensspezifischen Norm, beispielsweise 100.000 Euro, eine sehr großen Komplexität sowie Strategiebezug und eine Projektdauer von mehr als 18 Monaten aufweist und Personal in der Stärke von mehreren Abteilungen oder mehr als 150 Mitarbeitern beschäftigt.[26]

Ein Faktor, der in der vorliegenden Arbeit als wesentlich für ein Großprojekt erachtet wird, ist der inhaltliche Aspekt der strategischen Weiterentwicklung. Von Relevanz ist, dass das Projekt die Vision, die Positionierung innerhalb des Marktes und somit die Erschließung und Beherrschung angestrebter Geschäftsfelder im Rahmen der strategischen Weiterentwicklung fördert.[27]

Der Bankensektor sieht sich zurzeit mit mannigfaltigen Herausforderungen konfrontiert, die sich im Wesentlichen in drei Bereiche gliedern lassen: Regulierungsbestimmungen, Herausforderungen des Marktes, sowie interne Herausforderungen aus der Organisation erwachsend. Seit der Finanz- und Eurokrise im Jahre 2007 leidet der Finanzsektor nicht nur unter einem Imageschaden, sondern unter signifikanten Veränderungen der Geschäftstätigkeit. Durch die Absenkung des Zinsniveaus, zunehmende Regulierung von staatlichen und überstaatlichen Behörden, sowie die Zunahme der Anforderungen an das Meldewesen gingen Banken große Teile ihrer bisherigen Erträge verloren.[28] Des Weiteren bietet die Digitalisierung Chancen, allerdings auch bei der Versäumnis deren Nutzung erhebliche Risiken für das Bankenwesen: Neue Anbieter, sogenannte FinTechs, die keine

[25] Vgl. Deutsche Gesellschaft für Projektmanagement, Projektmanagement 2019, S. 51ff.
[26] Vgl. Fiedler, R., Controlling, 2010, S. 4, Burghardt, M., Projektmanagement, 2018, S. 27.
[27] Vgl. Pelizäus, R., Multidimensionales Controlling, 2018, S. 225.
[28] Vgl. Zillmann, M., Zukunft der Banken, 2015, S. 5f.

Banken im Sinne der Bankaufsicht darstellen, und somit nicht über eine Banklizenz verfügen, sind in der Lage dem Konsumenten direkt unabhängige Finanzdienstleistungen anzubieten. Dass es sich hierbei nicht nur um eine Randerscheinung handelt zeigt sich anhand der geschätzten Bewertungen ausgewählter FinTechs in Abbildung drei:

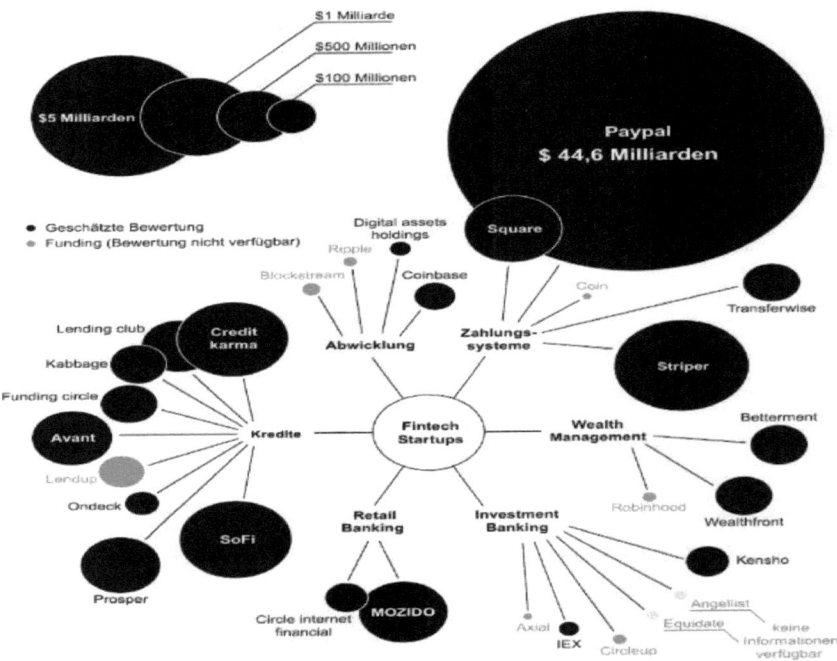

Abb. 3: Bewertung ausgewählter FinTechs, Stand 2016
Quelle: Ili, S., Lichtenthaler, U., Ende des Bankwesens, 2016, S. 24.

Die durch alle Bereiche des Alltags voranschreitende Digitalisierung hat den Kunden verändert: Der Konsument sieht keinen Mehrwert mehr im Gang zur Bankfiliale, sondern möchte, wie viele andere Dinge auch, seine Bankgeschäfte digital, online und am besten mobil erledigen. N26, eine Direktbank, die zunächst 2013 als FinTech gestartet ist, hat sich darauf spezialisiert dem Kunden ein völlig digitales Bankerlebnis zu bieten und wird zurzeit mit 2,3 Mrd Euro bewertet, also bereits etwa einem Drittel der Commerzbank.[29]

Ebenfalls bedrohen disruptive Entwicklungen im Finanzbereich durch Innovationen, wie die Blockchain Technologie, die Finanzbranche und fordern zum Handeln auf. So machen Kryptowährungen wie Bitcoin die Bank als Intermediär irrelevant. Blockchain

---

[29] Vgl. Fromme, H. et al., Der Aufstieg von N26, 2019, o.S.

Technologie hat das Potential Finanztransaktionen deutlich zu beschleunigen, sowie signifikante Effizienzsteigerungen im Wertpapierhandel zu ermöglichen.[30] Diese Entwicklungen machen deutlich, dass die Notwendigkeit eines Spagats zwischen einerseits der Projektierung von Maßnahmen hinsichtlich der Einhaltung der vom Gesetzgeber vorgeschriebenen Gesetze und Normen erforderlich ist, es andrerseits essentiell ist Projekte für die notwendige Anpassung und Erschließung der eilig voranschreitenden Digitalisierung für das Fortbestehen des Geschäftserfolges erfolgreich durchzuführen. Dieser heterogenen Anforderungslage scheinen viele Banken nicht adäquat entsprechen zu können.[31]

Zusätzlich zu den eben angebrachten externen Herausforderungen des Marktes und der Regierungsbehörden, stehen Banken internen Herausforderungen gegenüber, denen auch Rechnung getragen werden muss. Die Struktur großer Banken wie die der Commerzbank hat sich über Jahre etabliert: Zur Bewältigung von Routineaufgaben hat sich eine divisional aufgebaute Organisation gebildet, wohingegen zeitlich festgelegte Aufgaben und Projekte durch Projektteams aus Mitarbeitern der jeweiligen Fachbereiche, externen Dienstleistern und internen Gruppen aus bspw. dem IT Bereich bearbeitet werden. Die Aufbauorganisation ist oftmals starr, so dass die eigene Organisation und IT-Architektur schnellen Prozessen und einem flexiblen Ablauf für das Erreichen strategischer Ziele zuwider stehen kann.[32]

3.2. Skalierte Anwendungsmöglichkeiten nach SAFe

SAFe beruht auf einem mehrschichtigen, skalierbaren Ansatz, der sich insbesondere für die Durchführung großer Projekte eignet. Zwar lässt sich SAFe auch bereits auf Teamebene einführen, jedoch ergibt sich hieraus ein Organisationsaufwand, der zur Team- und Projektgröße unverhältnismäßig hoch erscheint. Daher ist SAFe eher für große und strategisch ausgerichtete Projekte geeignet. Durch die klare Rollendefinition auf den verschiedenen Schichten und die evolutionäre Vorgehensweise scheint der Änderungsbedarf bei der Einführung des SAFe in einem etablierten Unternehmen gering, was eine verein-

---

[30] Vgl. Kastrati, G., Weissbart, C., Blockchain: Potentiale und Herausforderungen, 2016, S. 74, Brühl, V., Blockchain und Distributed Ledgers, 2017, S. 140f, Grassegger, H., Der digitale Lenin, 2015, o.S.
[31] Vgl. Hays AG, Pierre Audoin Consultants, Starre Prozesse zu agilen Projekten, 2015, S. 6.
[32] Vgl. Hays AG, Pierre Audoin Consultants, Starre Prozesse zu agilen Projekten, 2015, S. 11ff., Commerzbank AG, Unternehmerische Verantwortung, 2017, S. 1, S. 20f., Zies, I., Schmidt, U., IT-Architektur, 2016, S. 4ff.

fachte Umsetzung hinsichtlich der internen organisatorischen Herausforderungen be-
günstigt.[33] Durch den mehrschichtigen Ansatz mit klar definierten Rollen und Strukturen
lassen sich die notwendigen Koordinierungsaufgaben in großen Projekten bewältigen.
Das Modell stellt ein umfangreiches Rahmenwerk bereit, das insbesondere bei der Durchführung mehrere paralleler Projekte mittels mehrerer Agile Release Trains und Value
Streams Wechselverhältnissen sowie Dependenzen zwischen Projekten effektiv entspro-
chen und bewältigt werden können. Die Rollendefinitionen lassen sich ferner gut mit der
Organisation einer etablierten Bank in Einklang bringen: Managemententscheidungen
bzgl. des Projektinhalts und des Budgets lassen sich auf Portfolio Ebene treffen, diese
werden auf der Program Ebene ausgearbeitet und im Folgenden auf der Team Ebene umgesetzt. Die auf höheren Ebenen der Hierarchie angesiedelten Mitarbeiter, wie Direkto-
ren, können bspw. die Rolle des Epic Owner (Vgl. Abb. 4) annehmen, Abteilungsleiter
finden sich in den Rollen der Program Ebene wieder, empfehlenswerter Weise als Release
Train Engineer. Die Mitarbeiter der einzelnen Abteilungen spiegeln sich in der Team
Ebene wieder und sorgen für die operative Umsetzung.

Um den externen Anforderungen und Veränderungen des Marktes sowie den Kundenan-
sprüchen Rechnung zu tragen, bieten sich bei strategischen Projekten die Value Streams
auf Portfolio Ebene zur Umsetzung an. Jeder Value Stream kann hierbei auf eine strategisch essentielle Anforderung wie die Verbesserung der Digitalisierung ausgerichtet werden (Vgl. Kapitel 3.1). In der Program Ebene werden die Ziele im Abstraktionsgrad verändert, d.h. genauer definiert, präzisiert und technisch aufgearbeitet, bevor sie auf die
Team Ebene kaskadiert werden und dort in Scrum Sprints operativ umgesetzt zu werden.

Hinsichtlich der externen Regulierungs- und Gesetzgebungsbestimmungen bietet das
Rahmenwerk gute Voraussetzungen um die Einhaltung dieser umzusetzen. Die Umsetzung muss stets gesetzeskonform und fristgerecht abgeschlossen werden um empfindli-
chen Strafen der Regulierungsbehörden zu entgehen. Auf Portfolio Ebene müssen aktuell
geltende und zukünftig umzusetzende legale Anforderungen berücksichtigt und in Aktivitäten umgesetzt werden. Durch die iterative Verfahrensmethode der Release Trains
herrscht im Folgenden Klarheit darüber, wann welche Teile der Gesetzesanforderungen
umgesetzt werden um den legalen Forderungen zu entsprechen.

---

[33] Vgl. Böhm, J., Agilität, 2019, S. 100.

3.3. Eignung der Methoden nach SAFe

Das Scaled Agile Framework bietet Unternehmen im Finanzsektor gute Voraussetzungen um dem Spannungsfeld der Anforderungen der internen Organisation, den Anforderungen des Kunden und des Marktes, sowie den Gesetzesanforderungen zu begegnen. Auf Grund der klaren Definition von Rollen und Ebenen lässt sich SAFe gut an gewachsene Organisationsstrukturen anpassen, ohne dem Management und den Mitarbeitern zu viel Veränderung abzuverlangen. Um die Vorteile agiler Methoden wie einer verbesserten Time-To-Market und einem flexibleren Umgang mit schnellen Veränderungen des Marktes zu generieren, reicht es jedoch nicht lediglich ein SAFe Rahmenwerk überzustülpen. Die dem Rahmenwerk zugrundeliegenden agilen Werte müssen verinnerlicht und gelebt werden, es ist nicht ausreichend lediglich neue Rollen einzuführen. Aus einer Chance des SAFe entsprießt daher auch ein Risiko: Dadurch, dass die Struktur einfacher auf ein bestehendes Unternehmen umsetzbar ist, entsteht das Risiko, dass Unternehmen zwar meinen agil zu arbeiten, diese Agilität jedoch lediglich auf dem Papier erscheint, da herkömmliche Hierarchien und Arbeitsweisen weiterhin durchgeführt und nicht hinreichend adaptiert werden.[34] Ein weiterer Kritikpunkt des SAFe ist die große Anzahl an Rollen und Ebenen bei der Skalierung. Die empfohlene maximale Anzahl von Mitarbeitern nach SAFe beträgt 150. Zwar lässt sich die Anzahl auch Erhöhen, was allerdings mit einer maßgeblichen Minderung der Agilität und einer linearen Erhöhung der Kosten einhergeht.[35] Die in SAFe verfügbaren Rollen sind nicht zwingend umzusetzen: Die Entscheidung darüber, welche Rollen tatsächlich besetzt werden und welche nicht, trifft das Unternehmen. Hat dieses Unternehmen allerdings noch wenig Erfahrung mit agilen Methoden, wovon im Finanzsektor auszugehen ist, so wird es diese Entscheidung selbst nicht optimal treffen können. Hat das Unternehmen hingegen bereits viel Erfahrung mit agiler Methodik, so kann sich das SAFe Rahmenwerk ggf. als zu formal und restriktiv darstellen.[36] Eine Abwägung des Unternehmens muss folglich getroffen werden. Die Einführung skalierter Methoden verspricht Chancen, wenn die Agilität auch in der Praxis und nicht nur auf dem Papier umgesetzt wird.

---

[34] Vgl. Maximini, D., Scrum, 2018, S. 122.
[35] Vgl. ebd.
[36] Vgl. Böhm, J., Agilität, 2019, S. 100.

4. Fazit

4.1. Zusammenfassung der Ergebnisse

Ziel dieser Arbeit war es zu eruieren, ob und in wie fern sich agile Methoden nach Scrum im Rahmen großer Projekte anwenden lassen. Dazu wurde deutlich, dass Scrum sich nach der Einführung in der Softwareentwicklung schnell als erfolgreiche Methode bewiesen hat, um kundenorientierter und schneller Produkte auf den Markt zu bringen. Die Grundlagen des agilen Manifests und Scrum sind nach den Ausführungen von Cohn und Schwaber allerdings auch außerhalb der IT-Branche im Rahmen des Projektmanagements zur erfolgreichen und etablierten Methodik avanciert. Mittels SAFe lassen sie sich nicht nur mit kleinen Teams, sondern auch auf große Projekte skalieren und je nach Anforderungsprofil einsetzen. Den Herausforderungen in der Finanzbranche mit ihren Spannungsfeldern zwischen zukünftiger Konkurrenzfähigkeit, den Gefahren der Disruption, gesetzlicher Anforderungen sowie über Jahre gewachsene Organisationsstrukturen bietet eine skalierte agile Lösung mittels SAFe eine gute Handlungsmethodik um auch zukünftig auf dem Markt bestehen zu können.

4.2. Kritische Würdigung und Ausblick

Neben den Vorteilen, die eine agile Methodik im Projektmanagement der Finanzbranche bietet, müssen auch die Risiken betrachtet werden. Agile Methoden müssen gelebt und verinnerlicht werden. Es muss über die Ebenen hinweg darauf geachtet werden, dass agile Methoden nicht nur auf dem Papier eingeführt werden, sondern auch danach gehandelt wird. Daher wird das SAFe kontrovers diskutiert: Zwar bietet es durch seine vorgegebenen Ebenen einen guten Einstieg in die Welt agiler Methodik, jedoch auch das Risiko, dass Unternehmen nicht genügend Veränderung in ihren Prozessen herbeiführen. Wenn das Rahmenwerk zu kompliziert wird und die Rollen denen der vorherigen Organisation entsprechen besteht die Gefahr die Vorteile der Agilität nicht hinreichend umzusetzen, sondern weiter in alten Mustern zu verbleiben. Daher empfiehlt es sich bei der Einführung einen externen Partner zu beauftragen, der Erfahrung mit agilen Methoden hat. Bei einer funktionierenden Umstellung auf agile Methoden nach Scrum bietet sich der Finanzbranche im Rahmen großer Projekte ein hohes Potential, um auf zukünftige Veränderungen des Marktes adäquater und schneller reagieren zu können.

Anhang

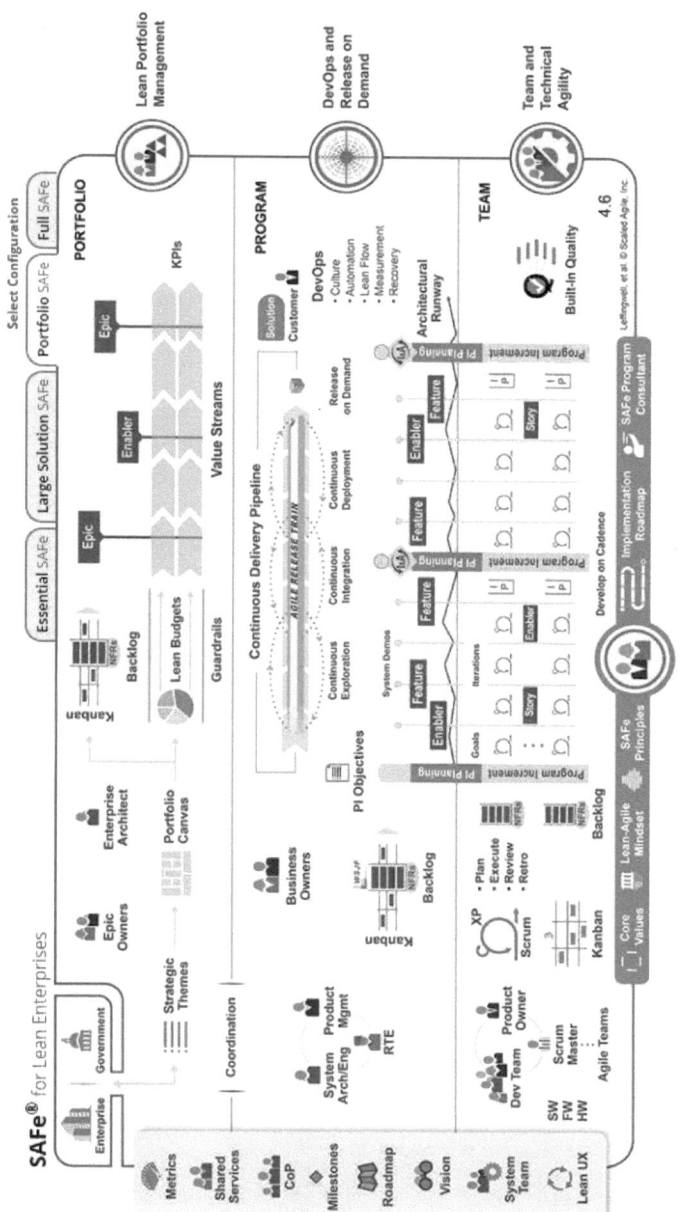

Abb. 4: Portfolio SAFe Framework

Quelle: Scaled Agile Inc, Scaled Agile Framework 4.6, 2018, o.S.

Literaturverzeichnis

Böhm, J. (Agilität, 2019): Erfolgsfaktor Agilität, Wiesbaden 2019

Brühl, V. (Blockchain und Distributed Ledgers, 2017): Bitcoins, Blockchain und Distributed Ledgers, in: Wirtschaftsdienst 02/2017, Wiesbaden 2017

Burghardt, M. (Projektmanagement, 2018): Projektmanagement, 10. Aufl., Erlangen 2018

Canty, D. (Agile for PM, 2015): Agile for Project Managers, Boca Raton 2015

Charron, R., Harrington, J., Voehl, F., Wiggin, H. (Lean Management, 2015): The Lean Management Systems Handbook, Boca Raton 2015

Commerzbank AG (Unternehmerische Verantwortung, 2017): Magazin zur unternehmerischen Verantwortung, Frankfurt am Main 2017

Deutsche Gesellschaft für Projektmanagement, (Status Quo Agile, 2015): Status Quo Agile, Koblenz 2015

Deutsche Gesellschaft für Projektmanagement, (Projektmanagement 2019): Kompetenzbasiertes Projektmanagement (PM4), Nürnberg 2019

Fiedler, R. (Controlling, 2010): Controlling von Projekten, 5. Aufl., Wiesbaden 2010

Gloger, B. (Scrum, 2011): Scrum - Produkte zuverlässig und schnell entwickeln, 3. Auflage, München 2011

Grechenig, T., Bernhart, M., Breiteneder, R., Kappel, K. (Softwaretechnik, 2010): Softwaretechnik, München 2010

Hays AG, Pierre Audoin Consultants (Starre Prozesse zu agilen Projekten, 2015): Von starren Prozessen zu agilen Projekten, Studie, Mannheim 2015

Hazzan, O., Dubinsky, Y. (Agile Anywhere, 2014): Agile Anywhere: Essays on Agile Projects and Beyond, London 2014

Ili, S., Lichtenthaler, U. (Ende des Bankwesens, 2016): Das Ende des traditionellen Bankwesens? Hoffentlich!, in: Smolinski, R., Gerdes, M., Siejka, M., Bodek, M. (Hrsg.): Innovationen und Innovationsmanagement in der Finanzbranche, Wiesbaden 2016

Künzel, H. (Smart Lean, 2016): Lean Management: Das neue Lean ist smart, in: Künzel, H. (Hrsg): Erfolgsfaktor Lean Management 2.0, Wiesbaden 2016

Maigatter, A. (Führung und Scrum Teams, 2018): Gut zu wissen: Führung und Scrum Teams – wie passt das zusammen?, in: Wörwag, S., Cloots, A. (Hrsg.): Zukunft der Arbeit – Perspektive Mensch, Wiesbaden 2018

Maximini, D. (Scrum, 2018): Scrum – Einführung in der Unternehmenspraxis, 2. Aufl., Wiesbaden 2018

Pelizäus, R. (Multidimensionales Controlling, 2018): Multidimensionales Controlling und Kostenmanagement, Wiesbaden 2018

Rigby, D., Berez, S., Caimi, G., Noble, A. (Agile innovation, 2015): Agile innovation, San Francisco 2015

Roock, S., Wolf, H. (Scrum, 2018): Scrum verstehen und erfolgreich einsetzen, Heidelberg 2018

Schwaber, K., Sutherland, J. (Scrum Guide, 2017): The Scrum Guide, Mountain View 2016

Siedl, W. (SAFe, 2018): SAFe: Reiseführer zum lean-agilen Unternehmen, in: Pfannstiel, M., Steinhoff, P. (Hrsg.): Der Enterprise Transformation Cycle, Wiesbaden 2018

Sutherland, J. (Scrum Revolution, 2015): Die Scrum Revolution, Frankfurt am Main 2015

Version One (State of Agile, 2018): The 12th annual State of Agile Report, Atlanta 2018

Walls, M. (DevOps Culture, 2013): Building a DevOps Culture, Sebastopol CA 2015

Wirdemann, R., Mainusch, J. (Scrum mit User Stories, 2019): Scrum mit User Stories, 3. Auflage, München 2017

Zies, I., Schmidt, U. (IT-Architektur, 2016): Mehr Tempo, weniger Altlasten: IT-Architektur im digitalen Zeitalter, München 2016

Zillmann, M. (Zukunft der Banken, 2012): Zukunft der Banken 2020 – Trends, Technologien, Geschäftsmodelle, Kaufbeuren 2012

Internetquellen

Beck, K., Beedle, M., van Bennekum, A., Cockburn, A., Cunningham, W., Fowler, M., Grenning, J., Highsmith, J., Hunt, A., Jeffrie, R., Kern, J., Marick, B., Martin, R., Mellor, S., Schwaber, S., Sutherland, J., Thomas, D. (Agile Manifesto, 2001): Agile Manifesto, URL: https://agilemanifesto.org/iso/de/manifesto.html, Abruf am 30.05.2019

Fromme, H., Wischemeyer, N., Willmroth, J., Wilke, F. (Der Aufstieg von N26): Der Aufstieg von N26 hat Schönheitsfehler, URL: https://www.sueddeutsche.de/wirtschaft/n26-internet-bank-start-up-bewertung-1.4282083, Abruf am 07.06.2019

Grassegger, H. (Der digitale Lenin, 2015): Der digitale Lenin hinter der Blockchain, URL: https://www.capital.de/wirtschaft-politik/der-digitale-lenin-hinter-der-blockchain?article_onepage=true, Abruf am 07.06.2019

Kastrati, G., Weissbart, C. (Blockchain: Potentiale und Herausforderungen, 2016): Kurz zum Klima: Blockchain – Potentiale und Herausforderungen für den Strommarkt, in: Im Blickpunkt 23/2016, URL: https://www.cesifo-group.de/DocDL/sd-2016-23-kastrati-weissbart-kzk-blockchain-2016-12-08.pdf, Abruf am 07.06.2019

Scaled Agile Inc. (Scaled Agile Framework 4.6, 2018): SAFe for Lean Enterprises, 2018, URL: https://www.scaledagileframework.com/, Abruf am 01.06.2019

Scrum Alliance, (Who is Scrum Alliance, 2019):   Who is Scrum Alliance, URL: https://www.scrumalliance.org/about-us, Abruf am 30.05.2019

Tekeuchi, H., Nonaka, I. (Product development, 1986): The new new product development game, in: Harvard Business Review 01/02 1986, URL: http://www.agilepractice.eu/wp-content/uploads/2016/09/Product-Development-Scrum-1986.pdf, Abruf am 30.05.2019